Doris Bewernitz

Vom Engel, der die Zeit anhielt

Himmlische Begegnungen

SIND SIE SCHON MAL EINEM ENGEL BEGEGNET?

Es soll ja Menschen geben, die behaupten, sie hätten noch nie einen Engel getroffen. Ich frage mich, wie das sein kann, da ich diesen Wesen ziemlich häufig begegne: an der Kasse im Supermarkt, in der Stadt, auf dem Bahnsteig, im Krankenhaus, im Café oder auf dem Weg zur Arbeit ... Sie kommen auf mich zu als kleine Merkwürdigkeiten, wärmende Sätze, überraschende Wendungen in brenzligen Situationen oder als ein fremdes Augenpaar, das mich freundlich ansieht.

Manchmal bleibe ich dann stehen, halte kurz inne und lausche. Wenn ich danach weitergehe, ist mir plötzlich die Angst abhandengekommen. Ja, ich habe festgestellt, dass dies sogar ein recht untrügliches Zeichen solch einer Begegnung ist. Ein anderes wäre, sich getragen zu fühlen. Oder getröstet von dem Wissen, dass die Wirklichkeit Gott sei Dank weiter reicht als unser Verstand.

Allzu feste Vorstellungen sollte man allerdings nicht haben von den himmlischen Boten, Friedensverkündern und Begleitern. Es besteht die Gefahr, dass man sie dann gar nicht bemerkt. Etwas Mut, sich von ihnen überraschen zu lassen, gehört schon dazu. Denn obgleich sie bestimmt nicht weltfremd sind, kommen sie doch oft unangepasst, kauzig oder paradox daher.

Nein, Männer mit Flügeln sind die Engel wohl eher selten. Aber sie können uns wunderbar daran erinnern, dass das Leben selbst ein einziges Wunder ist.

Doris Bewernitz

LANDUNG DER ENGEL

Das Aufblitzen
Von etwas Hellem
Gewaltigem
Nicht zu fassen

Eine Gewissheit
Breitet sich langsam aus
Um mich
In mir

Ein großer Moment
Schönheit
Dem ich vertraue
An den ich mich schmiege

Da sind sie
Haben doch wirklich vor meinen Augen
Innegehalten
Die Wunderbaren

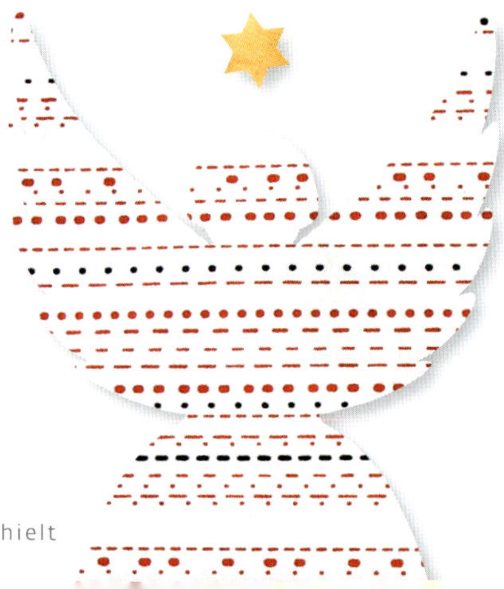

NEUE AUFGABEN

Der störrische Engel

„Nein, ich kann das nicht!“, protestierte Kasimir, der erst vor Kurzem Engel geworden war. Er stand, die Arme in die Hüften gestemmt, vor dem Aufgabenverteilungsengel Edmund und machte ein zorniges Gesicht. „Die Zeit abbremsen? Wie stellt ihr euch das vor! Sie haben Atomuhren, die würde nicht mal ein Erdbeben anhalten! Im Einkaufszentrum habe ich versucht, mich den Leuten in den Weg zu stellen. Was tun sie? Sie rennen einen um! Ganz zu schweigen von den Großstadtstraßen! Ein Stress ist das, ein Lärm, eine Hektik! Da unten ist die Hölle los!“

„Also, ich muss doch sehr bitten“, sagte Edmund. „Nicht solche Ausdrücke in unseren himmlischen Gefilden!“

„Aber es stimmt! Sie wehren sich mit Händen und Füßen!“, schimpfte Kasimir. „Es geht nicht! Und warum überhaupt die Zeit abbremsen?“

„Weil es notwendig ist“, sagte Edmund. „Die Menschen schaffen es ohne uns nicht, langsamer zu werden. Und sie brauchen es so nötig.“

„Na und, sollen sie doch an ihrem Stress krank werden! Sie sind schließlich für sich selbst verantwortlich. Setzt mich woanders ein. Bitte, egal wo.“

„Egal wo, ja?“, erwiderte Edmund und betrachtete Kasimir aufmerksam. Er wusste ja, wer da vor ihm stand. Einer, der sich lebenslang geschunden und den härtesten Herausforderungen gestellt hatte, nach dem Motto „Es wird einem nichts geschenkt!“ Einer, der immer Überstunden geschoben und alles für andere getan hatte, nur um ein bisschen Anerkennung und Liebe zu bekommen. Einer, der sich immer angestrengt hatte. Das sah man schon an den zwei senkrechten Falten, die sich tief in Kasimirs Stirn eingegraben hatten. Nein, Kasimir hatte sich nie ausgeruht. Der wusste gar nicht, was Muße war. Und sehnte sich doch im Grunde nach nichts anderem. Und hatte vor nichts anderem so viel Angst. Das alles sah Edmund mit einem Blick. Und Kasimir tat ihm leid.

„Gut", sagte er bedächtig und wiegte den Kopf hin und her, „ausnahmsweise, weil du noch neu bist ... habe ich eine andere Aufgabe für dich. Aber ich weiß nicht recht. Sie scheint mir, speziell für dich, fast noch schwerer zu sein."

„Das macht mir nichts!", rief Kasimir. „Mit schweren Aufgaben kenne ich mich aus. Ich schaffe das! Ich mache alles, solange es nicht dieses Zeit abbremsen für Menschen ist. Versprochen. Also, worum geht's?"

„Deine Aufgabe", sagte Edmund und strich sich das Gewand glatt, „deine Aufgabe ...", er lächelte, beinahe hätte man sagen können: süffisant, wenn Engel zu so etwas in der Lage wären, „ist es, dich ab sofort einmal richtig auszuruhen. Mit anderen Worten: Gar nichts zu tun."

Kasimir erbleichte. „Aber ... ich denke, ihr braucht jeden, da kann ich doch nicht ... Außerdem – ich weiß doch gar nicht wie das geht." Er wankte. „Bitte", flüsterte er, „habt ihr nicht doch noch etwas anderes? Das kann ich nicht!"

„Eben", sagte Edmund. „Ich finde auch, dass es an der Zeit ist, dass du das lernst."

DIE EINLADUNG

Komm an
es ist alles getan
alles Gute kommt wieder

Sei still
Streng dich nicht mehr an
leg die Arbeit nieder

Öffne
das Herz und die Hände
so voll sie auch sind

Werde
was in dir wartet
werde das Kind

DIE LEBENSVERSICHERUNG

Vom Engel, der Zeit hatte

Je älter man wird, umso mehr Anlässe tauchen auf, das Leben als solches zu schätzen. Eine dieser Gelegenheiten bekam ich vor zehn Jahren, als mein Körper von einer Infektion heimgesucht wurde, von der ich vorher nicht mal gewusst hatte, dass es sie gibt. Aus dem Nichts heraus überschwemmten mich Bakterien, das Fieber schoss in die Höhe, die Schmerzen waren überall. Zum Glück riefen meine Nachbarn den Notarzt. Durch den Fiebernebel hindurch nahm ich vage Blaulicht und Sanitäter wahr, Flure, Rufe, Kittel, besorgte Gesichter, die meine Angst ins Unermessliche steigerten. Aber diese furchtbare Angst schien niemand zu bemerken, alle rannten herum, mein Körper wurde an Schläuche angeschlossen, hin und hergeschoben, gepiesackt, in Maschinen gelegt, verdreht, gemessen ... Eine Rettungsstation ist wie das Innere eines Hornissennestes. Eine unfassbare Hektik, Lärm, Piepen, Fiepen, Gnadenlosigkeit. Man verfrachtete mich in einen Raum, legte mir Zugänge, aus einem Beutel über mir tropfte grüne Flüssigkeit in mich. Nie vorher hatte ich solche Schmerzen gehabt. Dazu die Scham, Verlorenheit, Verzweiflung. Obwohl ich gefühlt von hundert weißen Kitteln umgeben war, die immer an mir vorbeirannten, war meine Einsamkeit nicht mehr zu überbieten. Mein Herz raste, die Schmerzen nahmen mir die Luft, ich war sicher, dass ich in den nächsten Minuten sterben würde.

Da kam plötzlich einer, der zog einen Hocker heran, setzte sich neben die Pritsche und nahm meine Hand. Nur langsam drang seine Gegenwart in mein Bewusstsein. Er ging nicht weg. Er hielt meine Hand. „Das ist schlimm für Sie", sagte er. „Sie haben Angst." Er hatte eine leise, dunkle Stimme mit Akzent. In dem Lärm fiel es mir schwer, ihn zu verstehen. Aber er hielt meine Hand. „Wir helfen Ihnen", sagte er. „Es wird wieder gut."

Auf einmal begriff ich, dass ich noch lebte. Und dass dieser Mensch sagte, es würde so bleiben. Allmählich schlug mein Herz ruhiger. Durch die Tränen hindurch sah ich, wer da neben mir saß. Ein junger türkischer Arzt. Er sah mich an. „Wussten Sie, dass Ihr Land das einzige ist, in dem es mehr Lebensversicherungen als Einwohner gibt?", sagte er und lachte. Sein Lachen hatte Urkraft. Mit einem Husch wischte es die Angst weg. „Sie werden nicht sterben", sagte er. „Ich verspreche es." Und er hielt meine Hand, bis ich einschlief.

Die folgenden Wochen sah ich ihn nicht, so sehr ich Ausschau hielt. Aber solch ein Krankenhausbetrieb ist ja auch riesig. Einen Monat später wurde ich entlassen und der Stationsarzt gratulierte mir zu meinem neuen Leben („Das überlebten die Wenigsten. Sie haben großes Glück gehabt"). Ich sagte, vermutlich sei es der türkische Arzt auf der Rettungsstation gewesen, der mir die Kraft gegeben habe. Ich beschrieb ihm seinen

Kollegen und fragte nach dessen Namen, weil ich mich bei ihm bedanken wolle. Doch der Stationsarzt bedauerte. Einen solchen Arzt gäbe es weder auf dieser Station noch auf der Rettung. Ich müsse mich irren. – So schnell wollte ich nicht aufgeben, ging zum Pförtner, zum Schwesternzimmer, zur Aufnahme, fragte in der Rettungsstelle, im ganzen Krankenhaus. Aber überall war es dasselbe. Die Leute runzelten die Stirn und versicherten, einen solchen Kollegen gäbe es hier nicht und habe es auch nie gegeben.
Woraus nun jeder seine eigenen Schlüsse ziehen kann.

DER BEGLEITER

Geht einer neben mir
Das ganze Jahr
Hält seine Hand über mich
Schützt vor Gefahr

Geht einer neben mir
In aller Ruh
Wischt mir die Tränen weg
Spricht mir gut zu

Geht einer neben mir
So unsichtbar
Reicht mir Geduld und Trost
Das ganze Jahr

Geht einer neben mir
Sehen kann ich ihn nicht
Doch wenn es dunkel ist
Wärmt mich sein Licht

DAS HIMMLISCHE BEDÜRFNIS

Der müde Engel

Ich muss zugeben, dass mir, besonders in der dunklen Jahreszeit, meine zunehmende Müdigkeit seit einigen Monaten erheblich zu schaffen macht. Ich wehre mich dagegen. Ich will nicht müde, schlapp und kraftlos sein! Ich will morgens aufstehen und energisch in den Tag starten! Etwas schaffen!

Deshalb staunte ich gestern Mittag nicht schlecht, als ich nach dem Klingeln meine Wohnungstür öffnete und davor einen Engel fand, der noch viel müder aussah, als ich mich wieder einmal fühlte.

„Guten Tag", sagte ich. „Sie wünschen?"

„Haben Sie ein Bett?", entgegnete er. „Ich muss mich dringend ausruhen."

Er kam herein, mit hängenden Flügeln. Ich wollte mein Bett noch schnell frisch beziehen, aber er winkte nur ab. Keine Minute später hatte er sich wortlos hineingelegt, die Decke über die Schulter gezogen und war eingeschlafen.

Ich fühlte mich ehrlich gesagt etwas überrumpelt. So etwas erlebt man ja nicht alle Tage. Verwirrt setzte ich mich in den Sessel und betrachtete den Schlafenden. Soso, dachte ich. Ein Engel. In meinem Bett.

Er hatte die Augen geschlossen, atmete gleichmäßig, und ich sah seine langen Wimpern. Dann fiel mir eine Flaumfeder an seinem rechten Flügel auf. Sie lugte unter dem Deckbett hervor, und immer, wenn sein Atem über sie strich, flatterten die Daunen leicht im Luft-

zug. Ich betrachtete diese kleine weiße Feder, ihren zitternden Flaum und entdeckte ein schwaches Leuchten, das von ihr ausging.
Wie lange ich so saß, weiß ich nicht. Mein Zeitgefühl war verschwunden. Irgendwann schlug mein Gast die Augen auf, sah mich an, bedankte sich überschwänglich, wünschte mir einen guten Tag und ging davon. Und obwohl ich selbst doch gar nicht geschlafen hatte, fühle ich mich seitdem himmlisch erholt. Ganz innen. Ich brauche nur an diese kleine weiße Feder zu denken, schon werde ich wunderbar ruhig. Als hätte meine Müdigkeit die Erlaubnis bekommen, da zu sein.

ER IST DA

Immer geht alles so schnell
aber manchmal bleibe ich stehen
bleibe einfach stehen
um ihn wieder zu spüren

Und dann ist da sein Licht
seine Ruhe und Wärme
sein Trost seine Klugheit
seine Stimme lauter als all der Lärm

Immer geht alles so schnell
aber manchmal bleibe ich stehen
in der Unruhe der Stadt
in der Unruhe des Lebens
in der Unruhe meines Herzens

und dann ist er da
ganz dicht bei mir
mein Engel
und lacht

DER KLUGE RAT

Vom Engel, der die Zeit anhielt

Gestern habe ich einen Engel getroffen. Er stand in einer Nische nahe dem Einkaufszentrum und sah ganz unscheinbar aus. Graue Jacke, Schlapphut, Bart, Spazierstock.

„Guten Tag“, sagte er.

Ich blieb stehen, grüßte zurück und überlegte kurz, ob ich ihn kannte. Nein, ein fremdes Gesicht.

„Ich möchte Ihnen etwas sagen“, meinte er. „Wenn ich darf.“

„Ja?“, entgegnete ich.

Menschen rannten an uns vorbei. Im Gedränge rempelte mich jemand an. Ein Kind schrie. Autos hupten. Erst jetzt merkte ich, wie laut es hier eigentlich war.

„Sie gehen zu schnell“, sagte er. „Wenn man zu schnell geht, sieht man nichts. Dann vergisst man, wie schön die Welt ist.“

Er lächelte. Er hatte warme, braune Augen.

Ich nickte und ging irritiert weiter. Und ob Sie es glauben oder nicht: Obwohl der Engel, wie ich genau sah, in seiner Nische stehen blieb, ist mir seitdem, als ginge er neben mir. Gemessenen Schrittes. Geradezu feierlich.

Und ich setze meine Füße langsamer und lasse meinen Augen Zeit zum Schauen.

SO GEHT'S

Ein Engel ist jemand, der lächeln kann
er lächelt dich im Vorbeigehen an
einfach so

Ein Engel ist jemand der lächeln kann
ganz ohne Grund in der Straßenbahn
und du wirst froh

Ein Engel ist jemand der lächeln kann
pass auf du begegnest ihm irgendwann
irgendwo

Er trägt selten Flügel, auch sonst sieht man
ihm sein Engelsein eigentlich gar nicht an
ach iwo

Echte Engel lächeln ein Licht in dich rein
bis du Lust hast, selbst ein Engel zu sein
das macht froh

Und dann bist du jemand, der lächeln kann
und du lächelst wen im Vorbeigehen an
einfach so

DIE GEFÄHRLICHE STADT

Vom Engel, der den Weg wusste

Wenn andere von Wundern redeten, verdrehte Sieglinde die Augen. Humbug war ihr das. Ihr Leben war hart gewesen, die Nachkriegsjahre, Hunger, der Mann gestorben, das Kind allein erzogen und sich stets an den eigenen Haaren aus dem Sumpf gezogen. Das hatte sie nüchtern gemacht. Aber man schlug sich durch. Jetzt, mit 74, fand sie ihr Dasein bis auf die zunehmende Langeweile ganz passabel.

Zu ihrem 75. Geburtstag allerdings ließ sie sich auf ein Abenteuer ein. Mehr ihrem Sohn zuliebe, der ihr die Reise geschenkt hatte. Drei Tage Berlin mit Komplettprogramm: Theater, Stadtrundfahrt, Schifffahrt auf der Spree. Du gönnst dir ja sonst nichts, sagte ihr Sohn, und du schwärmst doch von Berlin, seit du mit Papa da warst. Genieße es einfach!

Sie war aufgeregt, als sie in den Zug stieg. Eigentlich mochte sie Großstädte nicht. Und von Berlin hatte sie nur geschwärmt, weil sie damals mit Kurt dort gewesen war. Dir wird schon keiner den Kopf abreißen, hatte ihr Sohn gesagt. Der hatte gut reden! Ihre Anspannung wuchs, je näher sie der Hauptstadt kam. Der riesige Bahnhof mit seinen Rolltreppen, Etagen, Fahrstühlen, und zigtausenden Menschen verwirrte sie. Eine halbe Stunde brauchte sie, um den Ausgang zu finden. Draußen atmete sie erleichtert auf und holte den Zettel mit der Adresse heraus. Vom Hauptbahnhof sollten es nur wenige Schritte zum Hotel sein, zweimal rechts abbiegen. Ihr Sohn hatte gemeint, sie könne ja auch ein Taxi nehmen. Soweit kam es noch! Ein Taxi, welche Geldverschwendung! Entschlossen bog sie nach rechts ab, lief an einem großen Pferd aus Metall vorbei, bestaunte das Panorama der Stadt, die Busse, Autos, Menschen, all das Gewimmel, und da war schon die Straße nach rechts. Alles ganz einfach.

Doch nach einer viertel Stunde Fußweg tauchte das Hotel noch immer nicht auf. Ihr wurde mulmig zumute. Gut, sie lief langsamer als ihr Sohn, aber trotzdem ... Sieglinde ging weitere fünf Minuten geradeaus. Dann kehrte sie um. Sie musste zu spät abgebogen sein, eine Straße übersehen haben. Ihr Arm, der den Rollkoffer zog, schmerzte. Jetzt gabelte sich die Straße. Aus welcher Richtung war sie nur gekommen? Alles sah ganz anders aus. Hätte sie nur das Taxi genommen!

Ob sie jemanden fragen könnte? Aber die Menschen wirkten so unheimlich, so anders als zu Hause, sie wagte nicht, einen anzusprechen. Man hörte ja so viel Schlechtes von Berlin. Nach einer weiteren Stunde, in der sie vergeblich versucht hatte, wenigstens den Bahnhof wiederzufinden, konnte sie nicht mehr. Ihre Beine zitterten vor Schwäche. Und jetzt wurde es auch noch dunkel! Ein Albtraum! Ihr fiel die Sendung ein: *Berlin – Stadt der Verbrecher*. Was, wenn jemand sie ausrauben würde? Weit und breit war kein Polizist!

Plötzlich kam im Schein einer Straßenlaterne ein Mann auf sie zu. Sie zuckte zusammen. Höchstens 25 war der, Lederjacke, breite Schultern, blaue Haare, Zigarette im Mundwinkel. Sie machte sich steif und um-

klammerte ihre Handtasche. Nur mit Mühe konnte sie einen Schrei unterdrücken, als er vor ihr stehen blieb.
„Tag“, sagte er, „kann ich Ihnen helfen?“
„Was wollen Sie von mir!“, kreischte Sieglinde.
Als ihr Sohn sie vier Tage später vom Zug abholte, sprudelte sie los: „Stell dir vor, ich habe einen Engel kennengelernt! Er heißt Mario und hat blaue Haare. Er hat mich zum Hotel gebracht. Sogar meinen Koffer hat er getragen. Ich hatte nämlich den falschen Ausgang genommen. Woher soll ich wissen, dass der Bahnhof mehrere Ausgänge hat? Wir haben uns sehr gut verstanden! Die ganze Stadt hat er mir gezeigt, auch die Schiffsreise haben wir gemeinsam unternommen! Wie der lachen konnte! Und erzählen! Er studiert Geschichte, musst du wissen! Und auf dem Fernsehturm waren wir auch, und ...“
Ihr Sohn sah sie irritiert an. „Einen Engel, ja? Er hat dir nicht zufällig dein Portemonnaie geklaut?“
„Also hör mal!“, empörte sich Sieglinde. „Was du immer denkst! So gefährlich ist Berlin nun auch wieder nicht!“

GANZ LEISE

Leise Schritte
neben mir her
lösen was lange
mühsam und schwer

Leises Rauschen
wie Flügelschlag
zieht über mir
und beschützt meinen Tag

Leiser Hände
sorgsames Tun
hilft mir am Abend
friedlich zu ruhn

Leiser Worte
freundlicher Klang
richtet mich auf
ein Leben lang

UNERWARTETER FREISPRUCH

Der rote Engel

Manche bestreiten ja entschieden, dass es rote Engel gibt. Engel, sagen sie, müssen feierlich, golden, weiß oder durchscheinend sein. Ich wage es trotzdem, von einem roten zu berichten, denn ich habe nicht nur davon gehört, sondern sogar selbst einen gesehen. Bei dieser Begegnung war ich weder betrunken noch traumwandlerisch, sondern vollkommen nüchtern und bei wachem Verstand. Es geschah auf der Terrasse eines Cafés, ich hatte mir gerade einen Cappuccino bestellt.

„Ist hier noch frei?“, fragte jemand.

Als ich aufsah, zuckte ich zusammen, denn vor mir schien eine Feuersäule aus dem Boden zu flammen. Erst als mich ein wenig an das Leuchten gewöhnt hatten, sah ich, dass es sich um einen Engel handelte. Einen überaus wilden, roten Engel.

Ich bejahte und er setzte sich mir gegenüber.

In meinem Beruf bin ich durchaus skeptisch meiner eigenen Fantasie gegenüber, deshalb verhielt ich mich vorerst ruhig. Doch die Erscheinung verschwand nicht. Sein Leuchten wärmte mich, als säße ich an einem Lagerfeuer. Ich fragte mich, warum die anderen Cafégäste nicht zu ihm hinsahen und überhaupt keinerlei Zeichen von Verwunderung erkennen ließen, da sagte er: „Eine Frage der Lebenseinstellung, wissen Sie. Die meisten sehen nur, was sie bereits kennen. Sie haben Angst, das muss man ihnen nachsehen. Deshalb ist es auch so schwierig für mich. Meine Botschaft anzubringen, meine ich."

„Was ist denn Ihre Botschaft?", fragte ich neugierig.

„Euch daran zu erinnern, dass ihr vor nichts und niemandem Angst haben müsst." Er seufzte. „Ich habe das schon oft versucht, einmal, in Betlehem ... Da hatte ich fast den Eindruck, ihr hättet es verstanden ..."

Und dann tippte er kurz mit seinem Zeigefinger an meine Stirn und ich fühlte in mir ein Glühen, das mich erschreckte. Gleich darauf war er wie ein Windhauch verschwunden.

Das Glühen aber, das ist geblieben. Und ja wohl Beweis genug, dass ich ihn wirklich getroffen habe.

DIE BOTSCHAFT

Fürchtet euch nicht
Wie bitter die Angst auch schmeckt
Wie auch das Dunkel euch schreckt
Jede Nacht hat ihr Licht

Fürchtet euch nicht
Wenn ihr auch nichts versteht
Wenn ihr das Gute nicht seht
Es hat dennoch Gewicht

Fürchtet euch nicht
Ihr werdet Frieden finden
Und dieses soll ich euch künden
Bleibet euch selber hold

Ihr seid geliebt und gewollt
Was euch auch je zustieß
In eurem Herzen tragt ihr
Immer das Paradies
Fürchtet euch nicht

DIE HERAUSFORDERUNG

Des Engels erster Auftrag

Er blickte auf die Karte in seiner Hand. Haus Nr. 7. Ja, das war die Adresse. Unsicher schob er die Tür auf und fand sich im muffigen Durchgang eines Mietshauses wieder. Im Treppenhaus blätterte die Farbe von den Wänden. Mit einem unguten Gefühl stieg er in die zweite Etage hinauf, suchte den Namen und legte den Finger an den Klingelknopf.

Im selben Moment wurde die Tür von einer jungen Frau aufgerissen. „Haben Sie mich erschreckt!“, rief sie. „Meine Güte! Wollen Sie zu ihr? Na bitte, fliegender Wechsel. Und da behauptet sie immer, sie sei allein. Sind Sie der fahrbare Mittagstisch? Auf Wiedersehen!“ – Weg war sie.

Unschlüssig betrat er den halbdunklen Flur. Alles sah ärmlich aus. Die Tapeten waren teilweise lose, der Läufer fadenscheinig, das Schuhregal zur Seite gebogen, die Garderobe schien nur aus reinem Erbarmen nicht zusammenzufallen. Welch ein trauriger Anblick. Im Grunde wirkte die Wohnung verlassen. Aber der Name auf dem Klingelschild hatte gestimmt.

Und nun? Es war sein allererster Auftrag. Er hatte schlicht keine Ahnung, wie man so etwas anfing! Wenn es nun schief ginge? Er kannte sich doch mit alten Leuten gar nicht aus. Wenn sie nun Angst vor ihm hätte und schrie! Fahrbarer Mittagstisch! Absurd.

Vorsichtig durchquerte er den Flur, an dessen rückwärtiger Wand die Tür einen Spalt offen stand. Er schob sie ganz auf und betrat ein Zimmer. Darin fand er eine alte Frau in einem Bett liegen. Sie trug ein dünnes Nachthemd, hielt den Kopf schräg und lauschte. Offenbar konnte sie nicht mehr viel sehen. Ihre Hände lagen auf der Decke und bewegten sich unruhig. „Sind Sie noch einmal zurückgekommen?“, sagte sie, halb mutig, halb ängstlich. „Haben Sie etwas vergessen?“

„Guten Tag“, antwortete er und biss sich auf die Lippen. Was sollte er jetzt nur sagen? Er wollte sie ungern erschrecken. Er sollte sie ja beschenken. Aber womit, war ihm nicht gesagt worden. Überhaupt war ihm nichts gesagt worden. Nur die Adresse hatten sie ihm in die Hand gedrückt. Niemand hatte ihm erklärt, wie er sich benehmen sollte.

„Oh, Sie sind gar nicht die Pflegerin …“, sagte die Frau. „Kenne ich Sie? Nehmen Sie doch Platz. Haben Sie Zeit mitgebracht?“ „Ja“, sagte er, zog einen Stuhl heran und setzte sich. Ratlos sah er sich um. Engel zu sein war echt eine Herausforderung!

Sie begann zu reden. Im Zimmer wurde es immer dunkler. Irgendwann schaltete er die Nachttischlampe an. Irgendwann holte er ihr ein Glas Wasser. Irgendwann schlief sie ein. Er betrachtete ihr Gesicht, deckte sie zu, löschte das Licht und blieb noch eine Weile bei ihr sitzen. Als er Stunden später die Wohnungstür leise hinter sich zuzog, lächelte er. Es war ganz einfach gewesen. Er hatte nur zugehört.

GUTER MOMENT

Ein Engel namens Zärtlichkeit
fliegt durch die Welt
und macht sie weit

Mit seinem sanften Sternenblick
schaut er dich an
und rings ist Glück

Hält seine Hände über dir
er liebt dich
und will nichts dafür

TABULA RASA

Vom Engel, der das Leben erleichtert

Es klingelte. Silvia sprang vom Schreibtisch auf, riss den Berg mit den To-do-Listen, die unbeantwortete Post, ihre Kaffeetasse und einen Stapel Papiere zu Boden, stolperte über das Laptop-Kabel, bahnte sich einen Weg durch die seit Wochen auf dem Teppich liegenden Steuerunterlagen, schob hektisch zwei Wäscheberge zur Seite, stürzte in den Flur und öffnete.
Vor ihrer Wohnungstür stand ein fremder Mann undefinierbaren Alters. Er wirkte etwas exotisch, trug einen leuchtend weißen Umhang, aber ein Arzt schien er nicht zu sein.
„Ja bitte?“, sagte sie.
„Ich bin Minimalist“, sagte der Mann und lächelte sie an. „Ich würde Ihnen gern helfen.“
„Helfen? Ich verstehe nicht. Wobei denn?“
Er deutete ins Wohnzimmer. „Dabei.“
Silvia errötete. „Ach, mein Chaos ... Sie sind von der Firma, die ich mal angerufen habe? Ist das nicht Jahre her? Ja, sorry, ich dachte – war ich da nicht zurückgetreten, weil es zu teuer ...?“
„Keine Sorge, was ich mache, kostet nichts.“
„Nichts?“
Der Unbekannte trat ein und schaute sich um.
Silvia seufzte. „Es ist mir so peinlich“, sagte sie. „Ehrlich gesagt glaube ich nicht, dass Sie mein Leben entrümpeln können. Ich versuche seit Jahren, hier Ordnung reinzubringen. Es scheint ein Gesetz zu geben,

dass für jedes Ding, das ich aussortiere, fünfzig neue nachwachsen. Ich bin so konfus! Ich möchte endlich in Ruhe leben. Aber ich habe einfach zu viel! Und an jedem Teil hängt eine Erinnerung, immer, wenn ich anfange zu sortieren, kann ich gar nichts mehr wegschmeißen, weil mir alles so wichtig erscheint ..."

„Das wird schon", sagte der Mann. Er bat Silvia um zwei Kartons, einen großen und einen kleinen, und erkundigte sich, was sie unbedingt mitnähme, wenn sie ab heute für ein Jahr auf eine einsame Insel verbannt würde.

Sie deutete auf ihren Laptop, eine Packung Stifte, einen Schreibblock und die Lesebrille und sah zu, wie der merkwürdige Mann diese Sachen in den kleinen Karton legte.

„Überlegen Sie in Ruhe", sagte er. „Noch etwas?"

Silvia blickte um sich, griff noch ihre Lieblingslektüre vom Nachttisch, die kleine grüne Kuscheleule und das Tagebuch und legte es dazu. Dann nickte sie.

Der Fremde nickte ebenfalls, schloss den Karton, drückte ihn ihr in die Hand, breitete die Arme aus und drehte sich einmal um seine eigene Achse.

Silvia schrie auf. Ihr Zimmer war leer. Kahle Wände. Leerer Teppich. Leere Fensterbretter. Selbst die Möbel fehlten. Wie vor zwanzig Jahren, bevor sie hier eingezogen war.

„Was! ... Wo sind meine Sachen?"

„Alles hier drin", entgegnete der Mann und klopfte auf den großen Karton. „Den nehme ich jetzt mit. Damit Sie mal durchatmen können."

„Aber … das …“ Sie sah sich ungläubig um. So riesig war ihr der Raum noch nie vorgekommen. Und so hell. „Wer sind Sie überhaupt?“, fragte sie.
Der Mann im Umhang lächelte. „Einer, der in seinem Leben zu viele Dinge besessen hat. Und nun weiß, dass die Seele Platz braucht, um sich wohl zu fühlen.“
Als er davonrauschte, hatte Silvia den Eindruck, es klänge wie Flügelschlagen.
Verwundert lauschte sie diesem Geräusch und stand noch eine ganze Weile im leeren Zimmer. Mit dem kleinen Karton in der Hand. Und je länger sie dort stand, umso tiefer wurde ihr Atem.

DAS WÜNSCH ICH DIR

Zwei Engel vor deinen Füßen
die alles was kommt begrüßen

Zwei Engel an deinen Seiten
die dich verlässlich geleiten

Zwei Engel die hinter dir gehen
und alles was war verstehen

Zwei Engel die über dir gleiten
und ihre Flügel ausbreiten

DER FINSTERE

Vom Engel, der ein Kind ansah

„Was soll ich hier?“, knurrte Schemkel, spuckte aus, blinzelte in den grauen Winterhimmel und zog seine zerschlissene schwarze Mütze über die Ohren.

Seit Wochen stand er nun vor dieser Markthalle und hielt die Hand ausgestreckt, genau so, wie ihm aufgetragen worden war. Aber nichts passierte. Gar nichts! Und kalt war es! Schneematsch türmte sich zu beiden Seiten des Einganges, und die Menschen drängten an ihm vorbei ins Warme. Was hatte er hier verloren? Zuerst hatte er gedacht, es würde vielleicht ein Unglück geschehen und er solle bereitstehen, um jemanden zu retten. Doch es geschah rein gar nichts, was auch nur entfernt an ein Unglück erinnerte. Die Leute rannten rein und raus, kauften tausende Dinge, befriedigten ihre Gier, verschwendeten keinen Gedanken an ihn oder die Welt, aus der er kam, sie waren mit ganz irdischen Dingen beschäftigt.

Dann hatte er gedacht, er solle wohl einen Bettler vorstellen und die Menschen dazu verführen, Gutes zu tun, um geläutert zu werden. Das hätte zu seinem Äußeren gepasst. Von wegen Lichtgestalt! Alles an ihm war dunkel und abgerissen. Schwarze Flügel, zerlumptes Gewand, hartes Gesicht, nirgendwo ein Leuchten. Seit er denken konnte, war das so. Immer war er angeeckt, schon als Mensch. Immer hatte er zu viel Zorn in sich gehabt und die Leute verschreckt mit seiner aufbrausenden Art.

Aber auch das mit dem Betteln konnte es ja nicht sein, denn niemand nahm überhaupt Notiz von ihm. Außerdem, wann waren Reiche je durch den Anblick eines Armen geläutert worden? Es war ihm komplett schleierhaft, warum er sich hier die Füße in den Bauch stehen sollte für nichts und wieder nichts …
Plötzlich ließ ein etwa vierjähriger Junge, der aus dem Markt kam, die Hand seiner Mutter los, machte einen Satz in seine Richtung, baute sich vor ihm auf und guckte ihn neugierig an.
Schemkel hatte keine Erfahrungen mit so kleinen Menschen, zumindest konnte er sich nicht daran erinnern, aber da das Kind nun einmal da war, beugte er sich zu ihm herunter, sah ihm in die Augen und staunte über das Blau. Dann erschrak er. Wo hatte er diesen Blick schon einmal gesehen? Ihm wurde heiß. Da war eine Erinnerung. Eine finstere. Eine, die er nicht haben wollte. Sie hatte mit ihm zu tun. Mit ihm vor langer Zeit. Als er selbst ein kleiner Mensch gewesen war. Er beugte sich noch weiter herunter, suchte in den Augen nach dem, was ihn so fesselte und fand eine Träne, die nicht hinaus durfte.
Und Schemkel, der Finstere, Zornige, Unangepasste, wurde von einem Schmerz geschüttelt. In einer endlosen Reihe standen die Jahre seiner Kindheit vor ihm, in denen er seine Tränen verschluckt hatte, um seine Mutter nicht zu erschrecken. Jahre, in denen er sich stark gemacht, sich angestrengt, sich ein lachendes Gesicht zugelegt hatte, damit sie keine Angst haben musste. Er aber, das wusste er noch, er hatte Angst

gehabt. Schreckliche Angst sogar. Jeden Tag. Und er war furchtbar allein gewesen. Vor lauter Angst und Einsamkeit war damals alles in ihm dunkel und hart geworden. Diese Härte war er sein Leben lang nicht wieder losgeworden. Und auch danach nicht. Und er hatte sich doch so gesehnt nach ein bisschen Nähe und war immer davor geflohen ... Selbst seine himmlischen Kollegen mieden ihn wegen seines derben Wesens ...
Das alles sah Schemkel in den Augen des Kindes und konnte die Tränen nicht mehr zurückhalten. Die Tränen über sich selbst und über seine Mutter und über dieses Kind vor ihm. Er stand da, mit hängenden Flügeln, und weinte hemmungslos. Und er weinte noch, als die Mutter des Jungen diesen rief, an die Hand nahm und mit ihm davonging.

DIE ZUSAGE

Meine Flügel werde ich
täglich über dir entfalten
Wenn du strauchelst, werd ich dich
noch im Fallen sicher halten

Will dir deinen Weg erhellen
wenn du mutig dich ihm stellst
werde ich dich treu begleiten
Aber gehn musst du ihn selbst

EINE FOLGENSCHWERE BEGEGNUNG

Der fragende Engel

Obwohl wir Menschen, was unseren Lebenswandel betrifft, weder der Erde noch uns selbst zum Besten dienen, betrachten wir uns als Krone der Schöpfung. Kluge Köpfe könnten daraus schließen, dass die Demut nicht zu unseren Kardinaltugenden gehört. Und doch gibt es mitunter, vielleicht als vortreffliches Geschenk des Himmels, Situationen, die geeignet sind, uns diese Tugend beispielhaft zu lehren.

Mit solch einem Geschenk wurde an einem schneereichen Januarmorgen ein junger Mann namens Oliver Hocks bedacht, ein dünnhaariger Brillenträger von achtundzwanzig Jahren. Und dabei geschah etwas, das jedem Menschen wohltut. Seine vertraute Weltsicht wurde infrage gestellt.

Oliver hatte seit Kurzem eine Festanstellung bei der Post inne, doch der Stolz, den diese Tatsache auslöste, war der einzige, den er hatte. Nein, niemand der ihn kannte, hätte ihn je für einen gehalten, dem es an Demut mangelte. Gerade ihm war nichts in den Schoß gefallen. Er hatte sich durch die Schulzeit gequält, sein Äußeres erinnerte eher an einen Hungerkünstler als an einen Adonis, eine Frau war in seinem Leben bisher weder aufgetaucht noch abzusehen, und Freunde hatte er keine. Folglich stand es mit seinem Selbstwertgefühl nicht zum Besten.

An jenem Januarmorgen also bog Oliver Socks auf dem Arbeitsweg um eine Straßenecke und plötzlich landete vor ihm auf dem Bürgersteig ein strahlender Engel. Oliver blieb wie angenagelt stehen, blinzelte angesichts des Glanzes, der ihn blendete, kniff die Augen zusammen und öffnete sie wieder. Aber die Gestalt war immer noch da.

Und trotz seines mangelndes Selbstwerts, vielleicht einzig der Tatsache geschuldet, dass Oliver Hocks der Spezies Mensch angehörte, suchte er sofort nach Erklärungen, um sich über die vor ihm aufragende Erscheinung zu beruhigen. Diese reichten von einer optischen Täuschung über eine Fata Morgana, einen verspäteten Silvesterscherz bis zu einer versteckten Kamera. Nur die Tatsache, dass es sich um einen wirklichen Engel handeln könnte, kam ihm so absurd vor, dass er beschloss, sie nicht in Betracht zu ziehen.

Außer ihm und diesem Gegenüber war kein Mensch auf der Straße. Die Uhr an der Kreuzung zeigte kurz nach fünf und der Himmel ein reines Schwarz. Die silbergrauen Flügel des Engels wirbelten etwas losen Schnee auf, beruhigten sich schließlich und wurden eingefaltet.

Oliver beobachtete, wie er sich neugierig umsah, als wisse er nicht recht, wo er sei, dann auf ihn zukam und fragte: „Entschuldigung, können Sie mir bitte sagen, wo ich die Küselstraße finde?"

Und obwohl der verunsicherte Oliver Hocks eben noch wahlweise an der Existenz des Engels oder an seinem eigenen Verstand gezweifelt hatte, zeigte er nun wahre menschliche Größe. Er wies hinter sich die Straße hinab und sagte: „Geradeaus, und dann die Zweite links."

Woraufhin der Engel ihn anlächelte, sich herzlich bedankte, ihm einen schönen Tag und ein glückliches Leben wünschte und seiner Wege ging, vermutlich in Richtung Küselstraße.

Es steht uns nicht zu, Olivers Innenleben zu beschreiben, während er dem Engel nachsah. Sicher aber ist, dass er aufgrund dieses kurzen Dialogs schrecklich aufgewühlt war und etwas in ihm sich völlig neu zusammensetzte.

Die Kollegen des jungen Mannes wunderten sich jedenfalls gleich an diesem Morgen darüber, wie er strahlte und wie ungewohnt selbstbewusst er auftrat. In den folgenden Wochen stellten sie fest, dass diese Veränderung von Tag zu Tag zunahm, bis er sogar verkündete, er habe jetzt eine Freundin und gehe heute Abend mit ihr ins Kino. Seither spekulierten seine Kollegen über mögliche Ursachen dieses Wandels, fanden die wahre jedoch nie heraus. Denn Oliver Hocks verlor kein Sterbenswörtchen darüber, was er an jenem Morgen erlebt hatte. Und vielleicht war das besser so.

DIE UNERKANNTEN

Wir treffen Engel öfter als wir denken
Nur unser Bild von ihnen stimmt nicht mehr
Sie stehn vor uns und wolln uns etwas schenken
Doch sie sehn müde aus, sie kommen von weit her

Kann sein, sie stören unsre Weihnachtsfeier
Kann sein, sie sprechen unsre Sprache nicht
Kann sein, sie tragen einen schwarzen Schleier
Und zeigen ein erschrockenes Gesicht

Kann sein, dass ihre Trauer uns erschüttert
Kann sein, dass uns ihr herbes Lachen stört
Kann sein, dass sie sich merkwürdig benehmen
Und gar nicht wissen, was sich hier gehört

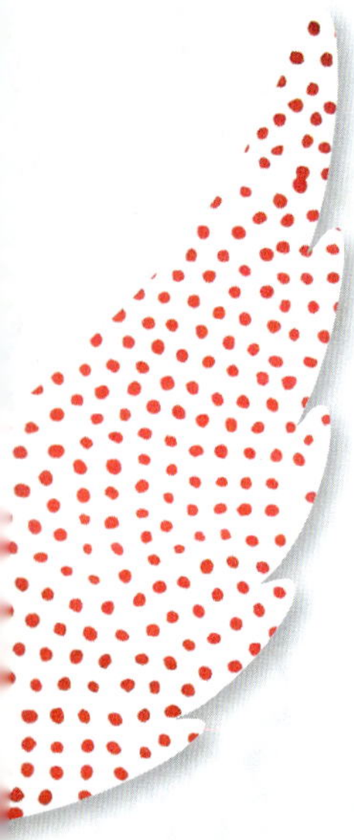

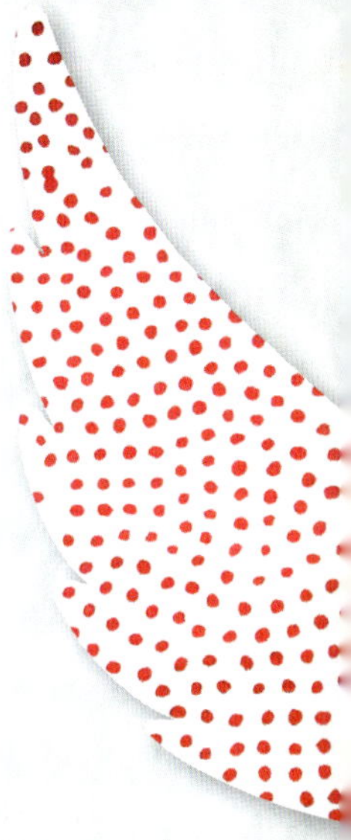

Kann sein, sie sind zu laut oder zu leise
Kann sein, sie sind zu groß oder zu klein
Kann sein, sie tragen gar nicht diesen vielgerühmten
Und ihnen zugeschriebnen hellen Schein

Kann sein, sie sehen aus wie unsereiner
Und haben eine Meinung von der Welt
Die uns nicht passt, so dass sie sicher keiner
Von uns jemals für echte Engel hält

Wir treffen Engel öfter als wir denken
Doch glauben wir meist nur dem eignen Licht
Und kommt ein Engel, um uns zu beschenken,
Erkennen wir ihn manchmal einfach nicht

Zur Autorin:
Doris Bewernitz, freie Autorin (zwei Kinder, vier Enkel, neun Bücher), hatte in ihrem bewegten Leben oft Gelegenheit, auf wundersame, wohlwollende Begleiter zu treffen und dabei festzustellen, dass der Raum zwischen Himmel und Erde mitnichten leer ist. Diese Erfahrungen haben sie zu einem dankbaren Menschen werden lassen. Die Schriftstellerin lebt seit vielen Jahren in Berlin, schreibt Krimis, Romane, Kurzprosa und Lyrik und erhielt diverse literarische Preise. Weitere Informationen unter: www.doris.bewernitz.net

ISBN 978-3-86917-491-4

Im Alten Rathaus/Hauptstraße 37
D-79427 Eschbach/Markgräflerland

www.verlag-am-eschbach.de

Gestaltung, Satz und Repro: Angelika Kraut, Verlag am Eschbach
Schriftvorlagen: Ulli Wunsch, Wehr
Herstellung: Firmengruppe APPL, Wemding

Manufakt

Dieser Baum steht für umweltschonende Ressourcenverwendung, individuelle Handarbeit und sorgfältige Herstellung.